DISTRIBUTIONS
d'Energie Electrique

LOI
du 15 Juin 1906

ET LOI
du 25 Juin 1895

PARIS

LIBRAIRIE CHEVALIER ET RIVIÈRE

30, RUE JACOB (VIᵉ)

1906

DISTRIBUTIONS
d'Energie Electrique

LOI
du 15 Juin 1906

ET LOI
du 25 Juin 1895

PARIS

LIBRAIRIE CHEVALIER ET RIVIÈRE

30, RUE JACOB (VIᵉ)

—

1906

LOI

DU 15 JUIN 1906

sur les Distributions d'Energie

Le Sénat et la Chambre des députés ont adopté,

Le Président de la République promulgue la loi dont. la teneur suit :

TITRE Ier

CLASSIFICATION DES DISTRIBUTIONS D'ÉNERGIE ÉLECTRIQUE.

ARTICLE PREMIER. — Les distributions d'énergie électrique qui ne sont pas destinées à la transmission des signaux et de la parole et auxquelles le décret-loi du 27 décembre 1851 n'est pas dès lors applicable, sont soumises pour leur établissement et leur fonctionnement aux conditions générales ci-après.

ART. 2. — Une distribution d'énergie électrique n'empruntant en aucun point de son parcours des voies publiques peut être établie et exploitée, soit sans autorisation ni déclaration, soit lorsque ses conducteurs doivent être établis, en un point quelconque, à moins de 10 mètres de distance horizontale d'une ligne télégraphique ou téléphonique préexistante, en vertu d'une autorisation délivrée dans des conditions spécifiées au titre II de la présente loi.

ART. 3. — Une distribution d'énergie électrique empruntant sur tout ou partie de son parcours les voies publiques peut être établie et exploitée, soit en vertu de permissions de voirie, sans durée déterminée, dans les conditions spécifiées au titre III de la présente loi, soit en vertu de concessions d'une durée déterminée, avec cahier des charges et tarif maximum, dans les conditions spécifiées au titre IV, s'il n'y a pas déclaration d'utilité publique, ou dans celles spécifiées au titre V, s'il y a déclaration d'utilité publique.

Elle peut, suivant la demande de l'entrepreneur, être soumise simultanément dans des communes différentes à des régimes différents, soit celui des permissions de voirie sur une partie de son réseau, soit celui de la concession déclarée d'utilité publique dans d'autres parties.

TITRE II

DES OUVRAGES DE TRANSPORT ET DE DISTRIBUTION D'ÉNERGIE ÉLECTRIQUE ÉTABLIS EXCLUSIVEMENT SUR DES TERRAINS PRIVÉS SOUS LE RÉGIME DES AUTORISATIONS.

ART. 4. — Les autorisations prévues par l'article 2 sont délivrées par le préfet, en conformité de l'avis émis par l'administration des postes et télégraphes et dans un délai de trois mois à partir de la demande.

Les installations visées dans ces autorisations devront satisfaire aux conditions techniques déterminées par les arrêtés prévus à l'article 19 de la présente loi.

Elles devront être exploitées et entretenues de manière à n'apporter par induction, dérivation ou autrement, aucun trouble dans les transmissions télégraphiques et téléphoniques dans les lignes préexistantes.

Lorsque, pour prévenir ou faire cesser ce trouble, il sera nécessaire d'exiger le déplacement ou la modification des lignes télégraphiques ou téléphoniques préexistantes et en cas de non-entente avec l'exploitant, la nature des travaux à exécuter sera déterminée par le ministre du commerce, de l'industrie, des postes et des télégraphes, après avis du comité d'électricité visé par l'article 20. Dans tous les cas, les frais nécessités par ces déplacements ou modifications seront à la charge de l'exploitant.

TITRE III

DES OUVRAGES DE TRANSPORT ET DE DISTRIBUTION D'ÉNERGIE ÉLECTRIQUE ÉTABLIS SOUS LE RÉGIME DES PERMISSIONS DE VOIRIE.

ART. 5. — Les permissions de voirie sont délivrées par le préfet ou par le maire, suivant que la voie empruntée rentre dans les attributions de l'un ou de l'autre, sous les conditions ordinaires des arrêtés réglementaires relatifs à ces permissions, et en outre sous les conditions stipulées par les règlements d'administration publique visés à l'article 18 de la présente loi.

Elles ne peuvent prescrire aucune disposition relative aux conditions commerciales de l'exploitation.

Elles ne peuvent imposer au permissionnaire aucune charge pécuniaire autre que les redevances prévues au paragraphe 7 de l'article 18.

Aucune permission de voirie ne peut faire obstacle à ce qu'il soit accordé sur les mêmes voies des permissions ou concessions concurrentes.

TITRE IV

RÉGIME DES CONCESSIONS SIMPLES SANS DÉCLARATION D'UTILITÉ PUBLIQUE.

ART. 6. — La concession d'une distribution publique d'énergie est donnée, après enquête, soit par la commune ou par le syndicat formé entre plusieurs communes, si la demande de concession ne vise que le territoire de la commune ou du syndicat, soit par l'Etat dans les autres cas.

Toute concession est soumise aux clauses d'un cahier des charges conforme à l'un des types approuvés par décret délibéré en conseil d'Etat, sauf les dérogations ou modifications qui seraient expressément formulées dans les conventions passées au sujet de ladite concession.

ART. 7. — Lorsque la concession est de la compétence de l'Etat, l'acte de concession est passé par le préfet, si elle ne s'étend que sur des communes situées dans le territoire du département, ou par le ministre des travaux publics, après avis du ministre de l'intérieur, si elle s'étend sur des communes situées dans plusieurs départements.

Lorsque la concession est de la compétence de la commune, l'acte de concession est passé par le maire, en exécution d'une délibération du conseil municipal.

Si la concession est de la compétence d'un syndicat de communes, l'acte de concession est passé par le président du comité du syndicat, en exécution d'une délibération de ce comité, homologuée par des délibérations des conseils municipaux de toutes les communes syndiquées.

La concession donnée au nom de la commune ou du syndicat de communes n'est définitive qu'après avoir été approuvée par le préfet.

Toutefois, si l'acte de concession passé par le ministre, le préfet, le maire ou le président du comité du syndicat de communes comporte des dérogations ou modifications au cahier des charges type, il ne devient définitif qu'après avoir été approuvé par un décret délibéré en conseil d'Etat.

ART. 8. — Aucune concession ne peut faire obstacle à ce qu'il soit accordé des permissions de voirie ou une concession à une entreprise concurrente, sous la réserve que celle-ci n'aura pas des conditions plus avantageuses.

Toutefois, l'acte par lequel une commune ou un syndicat de communes donne la concession de l'éclairage public et privé sur tout ou partie de son territoire peut stipuler que le concessionnaire aura seul le droit d'utiliser les voies publiques dépendant de la commune ou des communes syndiquées dans les limites de sa concession, en vue de pourvoir à l'éclairage privé par une distribution publique d'énergie, sans que cependant ce privilège puisse s'étendre à l'emploi de l'énergie à tous usages autres que l'éclairage, ni à son emploi accessoire pour l'éclairage des locaux dans lesquels l'énergie est ainsi utilisée.

Pendant la durée du privilège ainsi institué, les permissions de voirie délivrées par le préfet et les actes de concession passés au nom de l'Etat devront tenir compte de ce privilège dans les obligations imposées aux permissionnaires et concessionnaires.

Art. 9. — L'acte de concession ne peut imposer au concessionnaire une charge pécuniaire autre que les redevances prévues au paragraphe 7 de l'article 18, ni attribuer à l'Etat ou à la commune des avantages particuliers autres que les prix réduits d'abonnements qui seraient accordés aux services publics pour des fournitures équivalentes.

Art. 10. — La concession confère à l'entrepreneur le droit d'exécuter sur les voies publiques et leurs dépendances tous travaux nécessaires à l'établissement et à l'entretien des ouvrages en se conformant aux conditions du cahier des charges, des règlements de voirie et des règlements d'administration publique prévus à l'article 18 ci-après.

L'autorité qui a fait la concession a toujours le droit, pour un motif d'intérêt public, d'exiger la suppression d'une partie quelconque des ouvrages d'une concession ou d'en faire modifier les dispositions et le tracé.

L'indemnité qui peut être due dans ce cas au concessionnaire est fixée par les tribunaux compétents si les obligations et droits de celui-ci ne sont pas réglés soit par le cahier des charges, soit par une convention postérieure.

TITRE V

RÉGIME DES CONCESSIONS DÉCLARÉES D'UTILITÉ PUBLIQUE

Art. 11. — Sont applicables aux concessions déclarées d'utilité publique l'article 6, les paragraphes 1er, 2 et 3 de l'article 7 et les articles 8, 9 et 10 de la présente loi.

La déclaration d'utilité publique est prononcée, après enquête, par un décret délibéré en conseil d'Etat, sur le rapport des ministres des travaux publics et de l'intérieur, après avis du ministre du commerce, de l'industrie, des postes et des télégraphes et du ministre de l'agriculture.

L'acte de concession ne devient définitif qu'après avoir été approuvé par ce décret.

Art. 12. — La déclaration d'utilité publique investit le

concessionnaire, pour l'exécution des travaux dépendant de la concession, de tous les droits que les lois et règlements confèrent à l'administration en matière de travaux publics. Le concessionnaire demeure en même temps soumis à toutes les obligations qui dérivent, pour l'administration, de ces lois et règlements.

S'il y a lieu à expropriation, il y est procédé conformément à la loi du 3 mai 1841, au nom de l'autorité concédante et aux frais du concessionnaire.

La déclaration d'utilité publique d'une distribution d'énergie confère, en outre, au concessionnaire le droit :

1° D'établir à demeure des supports et ancrages pour conducteurs aériens d'électricité, soit à l'extérieur des murs ou façades donnant sur la voie publique, soit sur les toits et terrasses des bâtiments, à la condition qu'on y puisse accéder par l'extérieur, étant spécifié que ce droit ne pourra être exercé que sous les conditions prescrites, tant au point de vue de la sécurité qu'au point de vue de la commodité des habitants, par les règlements d'administration publique prévus à l'article 18, lesdits règlements devant limiter l'exercice de ce droit au cas de courants électriques tels que la présence desdits conducteurs d'électricité à proximité des bâtiments ne soit pas de nature à présenter, nonobstant les précautions prises conformément aux règlements, des dangers graves pour les personnes ou les bâtiments ;

2° De faire passer les conducteurs d'électricité au-dessus des propriétés privées, sous les mêmes conditions et réserves que celles spécifiées à l'alinéa 1° ci-dessus ;

3° D'établir à demeure des canalisations souterraines, ou des supports pour conducteurs aériens, sur des terrains privés non bâtis, qui ne sont pas fermés de murs ou autres clôtures équivalentes ;

4° De couper les branches d'arbre qui, se trouvant à proximité des conducteurs aériens d'électricité, pourraient, par leur mouvement ou leur chute, occasionner des courts-circuits ou des avaries aux ouvrages.

L'exécution des travaux prévus aux alinéas 1° à 4° ci-dessus doit être précédée d'une notification directe aux intéressés et d'une enquête spéciale dans chaque commune ; elle ne peut avoir lieu qu'après approbation du projet de détail des tracés par le préfet.

Elle n'entraîne aucune dépossession ; la pose d'appuis sur les murs ou façades ou sur les toits ou terrasses des bâtiments ne peut faire obstacle au droit du propriétaire de démolir, réparer ou surélever. La pose des canalisations ou supports dans un terrain ouvert et non bâti ne fait pas non plus obstacle au droit du propriétaire de se clore ou de bâtir. Le propriétaire devra, un mois avant d'entreprendre les travaux de démolition, réparation, surélévation, clôture ou bâtiment, prévenir le concessionnaire par lettre recommandée adressée au domicile élu par ledit concessionnaire.

Les indemnités qui pourraient être dues à raison des servitudes d'appui, de passage ou d'ébranchage, prévues aux alinéas 1°, 2°, 3° et 4° ci-dessus sont réglées en premier ressort par le juge de paix : s'il y a expertise, le juge peut ne nommer qu'un seul expert.

TITRE VI

CONDITIONS COMMUNES A L'ÉTABLISSEMENT
ET A L'EXPLOITATION DES DISTRIBUTIONS SOUS LE RÉGIME
DES PERMISSIONS DE VOIRIE OU DES CONCESSIONS

Art. 13. — L'établissement et l'exploitation des lignes de transport d'énergie électrique placées sous le régime, soit du titre III, soit du titre IV, soit du titre V de la présente loi, sont soumises aux conditions ci-après.

Art. 14. — Les projets sont examinés par les représentants des services intéressés dans une conférence à laquelle prennent part, dans tous les cas, les représentants de l'administration des postes et des télégraphes. Si l'accord en vue de l'exécution des projets n'intervient pas au cours de la conférence, l'affaire est soumise au comité d'électricité. Si tous les ministres intéressés n'adhèrent pas à l'avis du comité, il est statué par décret en conseil des ministres.

Art. 15. — La mise en service d'une distribution d'énergie électrique ne peut avoir lieu qu'à la suite des essais faits en présence du service du contrôle et des représentants des services intéressés et après délivrance, par le préfet, d'une autorisation de circulation du courant.

Art. 16. — Le contrôle de la construction et de l'exploitation est exercé sous l'autorité du ministre des travaux publics, soit par les agents qu'il aura délégués à cet effet lorsqu'il s'agit de concessions données par l'État ou de permissions pour des distributions empruntant en tout ou partie la grande voirie, soit par les agents délégués par les municipalités lorsqu'il s'agit de concessions données par les communes ou les syndicats de communes ou de permissions pour des distributions n'empruntant que les voies vicinales ou urbaines.

Art. 17. — L'administration des postes et des télégraphes peut adresser au service du contrôle, constitué comme il est dit à l'article 16, une réquisition à l'effet de prendre toutes les mesures nécessaires pour prévenir ou faire cesser toute perturbation nuisible aux transmissions par les lignes télégraphiques ou téléphoniques actuellement existantes dans le rayon d'influence des conducteurs d'énergie électrique.

Semblable réquisition peut être adressée au service du contrôle par les fonctionnaires chargés de la surveillance de tout service public dont la marche subirait une atteinte du fait du fonctionnement d'une distribution d'énergie.

Le service du contrôle est tenu de prendre les mesures nécessaires pour qu'il soit immédiatement déféré à la réquisition.

En cas de contestation, il est ensuite procédé comme il est dit à l'article 14.

Art. 18. — Des règlements d'administration publique, rendus sur le rapport du ministre de l'intérieur, du ministre des travaux publics, du ministre du commerce, de l'industrie, des postes et des télégraphes, du ministre de l'agriculture et, en outre, sur le rapport du ministre des finances pour les règlements de l'alinéa 7°, déterminent :

1° La forme des enquêtes prévues aux articles 6, 11 et 12, étant stipulé que l'avis des conseils municipaux intéressés devra être demandé au cours de ces enquêtes ;

2° Les formes de l'instruction des projets et de leur approbation ;

3° L'organisation du contrôle de la construction et de l'exploitation dont les frais sont à la charge du concessionnaire ou du permissionnaire ;

4° Les conditions générales et d'intérêt public auxquelles devront satisfaire les ouvrages servant à la distribution d'énergie soit en vertu de concessions, soit en vertu de permissions de voirie ;

5° La forme des réquisitions à adresser en exécution de l'article 17 ;

6° Les mesures relatives à la police et à la sécurité de l'exploitation des distributions d'énergie ;

7° Les tarifs des redevances dues à l Etat, aux départements et aux communes, en raison de l'occupation du domaine public par les ouvrages des entreprises concédées ou munies de permissions de voirie ;

8° Et, en général, toutes les mesures nécessaires à l'exécution de la présente loi.

Les règlements visés par les alinéas 2°, 4° et 6° seront pris après avis du comité d'électricité.

Art. 19. — Des arrêtés pris par le ministre des travaux publics et le ministre du commerce, de l'industrie, des postes et des télégraphes, après avis du comité d'électricité, déterminent les conditions techniques auxquelles devront satisfaire les distributions d'énergie au point de vue de la sécurité des personnes et des services publics intéressés, ainsi qu'au point de vue de la protection des paysages. Ces conditions seront soumises à une revision annuelle.

TITRE VII

DISPOSITIONS DIVERSES

Art. 20. — Il sera formé un comité d'électricité, composé, pour une moitié de représentants professionnels français des grandes industries électriques et, pour l'autre moitié, de membres pris dans les administrations de l'intérieur, des travaux publics, du commerce, de l'industrie, des postes et des télégraphes, de la guerre et de l'agriculture,

Les fonctionnaires, membres de ce comité, au nombre de quinze, seront nommés par décret sur les propositions que les ministres de l'intérieur, des travaux publics, du commerce, de l'industrie, des postes et des télégraphes, de la guerre et de l'agriculture, présenteront, chacun en ce qui le concerne, à raison de trois par ministère.

Les représentants professionnels des grandes industries électriques, au nombre de quinze, seront nommés par décret, sur les propositions du ministre des travaux publics et du ministre du commerce, de l'industrie, des postes et des télégraphes.

Le comité donnera son avis dans les cas prévus par la présente loi et sur toutes les questions dont les ministres intéressés le saisiront.

Le mode de son fonctionnement sera déterminé par un règlement d'administration publique.

Art. 21. — La déclaration d'utilité publique d'ouvrages à exécuter par l'Etat, un département une commune ou une association syndicale de la loi du 26 juin 1865, modifiée par celle du 22 décembre 1888, ou par leur concessionnaire, confère à l'administration ou au concessionnaire pour l'établissement ou le fonctionnement des conducteurs d'énergie employés à l'exploitation de ces ouvrages, les droits de passage, d'appui et d'ébranchage spécifiés à l'article 12 ci-dessus, avec application des dispositions spéciales édictées à cet effet par les règlements d'administration publique prévus à l'article 18.

Le bénéfice de ces droits restera acquis à l'administration ou au concessionnaire, même dans le cas où l'énergie serait fournie aux conducteurs par une usine privée ou par une entreprise de distribution publique d'énergie non déclarée d'utilité publique, et aussi dans le cas où les ouvrages serviraient simultanément à un transport d'énergie destiné à des usages autres que le service public ou le service de l'association syndicale.

Art. 22. — Les contestations et réclamations auxquelles peut donner lieu l'application des mesures prises en vue de la protection des transmissions télégraphiques et téléphoniques, et en général de la marche de tout service public, sont jugées par le conseil de préfecture, sauf recours au conseil d'Etat, comme en matière de dommages causés par l'exécution des travaux publics.

Art. 23. — Toute contravention aux arrêtés d'autorisation pris en conformité des dispositions du titre II de la présente loi sera, après une mise en demeure non suivie d'effet, punie des pénalités portées à l'article 2 du décret-loi du 27 décembre 1851. Elle sera constatée, poursuivie et réprimée dans les formes déterminées au titre V dudit décret.

Art. 24. — Lorsque le permissionnaire ou le concessionnaire d'une distribution d'énergie contreviendra aux clauses de la permission de voirie ou du cahier des charges de la concession ou aux décisions rendues en exécution de ces clauses, en ce qui concerne le service de la navigation ou des chemins de fer ou tramways, la viabilité des voies nationales, départementales ou communales, le libre écoulement des eaux, le fonctionnement des communications télégraphiques ou téléphoniques, procès-verbal sera dressé de la contravention par les agents du service intéressé dûment assermentés.

Ces contraventions seront poursuivies et jugées comme en matière de grande voirie et punies d'une amende de seize francs (16 fr.) à trois cents francs (300 fr.), sans préjudice de la réparation du dommage causé.

Le service du contrôle pourra prendre immédiatement toutes les mesures provisoires pour faire cesser le dommage, comme il est procédé en matière de voirie. Les frais qu'entraînera l'exécution de ces mesures, ainsi que ceux des travaux que les administrations intéressées auraient été amenées à faire comme suite à la réquisition visée à l'article 17, seront à la charge du permissionnaire ou du concessionnaire. Il en sera de même pour les frais avancés par l'Etat pour la modification des installations des services publics préexistants.

Art. 25. — Toute infraction aux dispositions édictées dans l'intérêt de la sécurité des personnes, soit par des règlements d'administration publique, soit par les arrêtés visés à l'article 19, sera poursuivie devant les tribunaux correctionnels et punie d'une amende de seize francs (16 fr.) à trois mille francs (3.000 fr.), sans préjudice de l'application des pénalités prévues au code pénal en cas d'accident résultant de l'infraction.

Les délits et contraventions pourront être constatés par des procès-verbaux dressés par les officiers de police judiciaire, les ingénieurs et agents des ponts et chaussées et des mines, les ingénieurs et agents du service des télégraphes, les agents voyers, les agents municipaux chargés de la surveillance ou du contrôle et les gardes particuliers du concessionnaire agréés par l'administration et dûment assermentés.

Ces procès-verbaux feront foi jusqu'à preuve du contraire.

Ils seront visés pour timbre et enregistrés en débet.

Ceux qui seront dressés par des gardes particuliers assermentés devront être affirmés dans les trois jours, à peine de nullité, devant le juge de paix ou le maire, soit du lieu du délit ou de la contravention, soit de la résidence de l'agent.

Art. 26. — Sont maintenues dans leur forme et teneur les concessions et permissions accordées par des actes antérieurs à la présente loi.

Art. 27. — Sont abrogées la loi du 25 juin 1895 (1)

---

1. — *Loi du 25 juin 1895 concernant l'établissement des conducteurs d'énergie électrique autres que les conducteurs télégraphiques et téléphoniques.* — Le Sénat et la Chambre des députés ont adopté,

Le Président de la République promulgue la loi dont la teneur suit :

Article premier. — En dehors des voies publiques, les conducteurs électriques qui ne sont pas destinés à la transmission des signaux et de la parole et auxquels le décret-loi du 27 décembre 1851 n'est pas dès lors applicable pourront être établis sans autorisation ni déclaration.

Art. 2. — Les conducteurs aériens ne pourront être établis dans une zone de dix mètres en projection horizontale de chaque côté d'une ligne télégraphique ou téléphonique, sans entente préalable avec l'administration des postes et des télégraphes.

En conséquence, tout établissement de conducteurs dans les condi·

et toutes les dispositions contraires à la présente loi.
La présente loi, délibérée et adoptée par le Sénat et par

---

tions du paragraphe précédent devra faire l'objet d'une déclaration préalable adressée au préfet du département et au préfet de pol'ce dans le ressort de sa juridiction. Cette déclaration sera enregistrée à sa date et il en sera donné récépissé. Elle sera communiquée sans délai au chef du service local des postes et télégraphes et transmise par les soins de ce dernier à l'administration centrale.

Le département des postes et des télégraphes devra notifier, dans un délai de trois mois à partir de la déclaration, l'acceptation du projet présenté ou les modifications qu'il réclame dans l'établissement des conducteurs aériens.

En cas de non-entente, les conducteurs aériens seront établis conformément à la décision du ministre du commerce, de l'industrie, des postes et des télégraphes, et après avis du comité d'électricité visé par l'article 6 ci-dessous.

En cas d'urgence et en particulier dans le cas d'installation temporaire, le délai de trois mois prévu au troisième paragraphe du présent article pourra être abrégé.

Art. 3. — Le ministre, après avis du comité d'électricité, détermine les modifications à apporter, pour garantir les lignes, aux conducteurs existant actuellement dans la zone ci-dessus, et cela sous ré-serve des droits qui pourraient être acquis. Le département des postes et des télégraphes avisera, dans un délai de six mois au plus à partir de la promulgation de la présente loi, les exploitants dont les conducteurs devraient être modifiés. Ceux qui font usage de ces conducteurs sont tenus de se conformer aux prescriptions ministérielles dans un délai maximum d'un an à partir d'une mise en demeure adressée par le département des postes et des télégraphes.

Art. 4. — Aucun conducteur ne peut être établi au-dessus ou au-dessous des voies publiques sans une autorisation donnée par le préfet, sur l'avis technique des ingénieurs des postes et des télégraphes, et conformément aux instructions du ministre du commerce, de l'industrie, des postes et des télégraphes.

Art. 5. — Les dispositions ci-dessus ne concernent pas les installations de conducteurs d'énergie électrique faites pour les besoins de leur exploitation par les administrations de l'Etat ou par les entreprises de services publics soumises au contrôle de l'administration.

Les projets de ces installations électriques ainsi que toutes les modifications qui y sont apportées devront, sauf lorsqu'ils concerneront les chemins de fer et les voies navigables, être soumis à l'approbation du ministre des postes et des télégraphes, après examen en conférence par les services intéressés.

Art. 6. — Il sera formé près le ministère du commerce, de l'industrie, des postes et des télégraphes, un comité d'électricité permanent, la Chambre des députés, sera exécutée comme loi de l'Etat.

Fait à Paris, le 15 juin 1906.

A. FALLIÈRES.

Par le Président de la République :

*Le ministre des travaux publics,
des postes et des télégraphes,*
LOUIS BARTHOU.

Le ministre de l'intérieur,
G. CLÉMENCEAU.

---

composé, pour une moitié, de représentants professionnels des grandes industries électriques de France ou des industries faisant usage des applications de l'électricité.

Les membres de ce comité et son président seront nommés par le ministre. Le président sera choisi en dehors des membres du comité.

Le comité d'électricité donnera son avis sur les règles générales applicables dans les cas visés aux articles 4 et 5 ci-dessus et sur toutes les questions qui lui seront soumises par le ministre.

ART. 7. — Toute installation électrique devra être exploitée et entretenue de manière à n'apporter, par induction, dérivation ou autrement, aucun trouble dans les transmissions télégraphiques ou téléphoniques par les lignes préexistantes.

Lorsque l'installation exigera, dans ce but, le déplacement ou la modification des lignes télégraphiques ou téléphoniques préexistantes, le comité d'électricité sera consulté conformément aux articles 2, 3 et 6 ci-dessus. Les frais nécessités par ces déplacements ou modifications seront à la charge de l'exploitant.

ART. 8. — Quiconque aura contrevenu aux dispositions de la présente loi ou des règlements d'exécution sera, après une mise en demeure non suivie d'effet, puni des pénalités portées à l'article 2 du décret-loi du 27 décembre 1851.

Les contraventions seront constatées, poursuivies et réprimées dans les formes déterminées par le titre V dudit décret.

ART. 9. — Le décret du 15 mai 1888 est abrogé.

La présente loi, délibérée et adoptée par le Sénat et par la Chambre des députés, sera exécutée comme loi de l'Etat.

Fait à Paris, le 25 juin 1895.

Signé : FÉLIX FAURE.

*Le Ministre du Commerce, de l'Industrie,
des Postes et des Télégraphes,*

Signé : ANDRÉ LEBON.

Niort. — Imp. Th. Martin.

AFFICHES

A APPOSER DANS LES

Ateliers, Usines, Établissements industriels

	En feuille	Cartonné avec œillets
Travail des Enfants, des Filles mineures et des Femmes dans les établissements industriels		
Loi du 2 novembre 1892 modifiée par celle du 30 mars 1900 et décret-loi du 9 septembre 1848 (1 feuille 65×45)	» 30	» 80
Décret du 13 mai 1893 (1 feuille 40×31)	» 20	» 50
Décrets du 15 juillet 1893 et 26 juillet 1895 (1 feuille 40×31)	» 20	» 50
Tableau des heures de travail (1 feuille 33×25)	» 10	» 35
Accidents du Travail		
Loi du 9 avril 1898 modifiée par celles des 22 mars 1902 et 31 mars 1905 (1 feuille 70×56)	» 30	» 90
Décrets d'administration publique (1 feuille)	» 30	» 80
Hygiène et sécurité du Travail		
Loi du 12 juin 1893 modifiée par celle du 11 juillet 1903 (1 feuille 50×42)	» 25	» 65
Décret du 28 novembre 1904 (1 feuille 50×42)	» 25	» 65

IMPRIMÉS

Déclaration d'accident du travail suivie du récépissé conforme au décret du 23 mars 1902 ... » fr. **10**

Certificat médical, suivi de la formule de dépôt ... » fr. **10**

Registre d'inscription des enfants au-dessous de 18 ans (Loi du 2 novembre 1892) ... **1** fr. »

Livret d'apprenti in-8 ... » fr. **20**

Conditions par nombre (25, 50, 100 exemplaires)

Accidents du Travail. — Loi du 9 avril 1898, modifiée par les lois du 22 mars 1902 et du 31 mars 1905. Décrets d'administration publique. Loi du 30 juin 1899, concernant les accidents agricoles· Loi du 16 avril 1906. 1 brochure in-8 de 40 p. » fr. **50**

Bouilleurs de cru — Loi du 31 mars 1903 et du 22 avril 1905, 27 février et 17 avril 1906. Arrêté ministériel du 2 avril 1903 et décrets du 19 août 1903. 1 brochure in-8 de 30 pages. » fr. **50**

Brevets d'invention. — Loi du 3 mai 1841, modifiée par celles du 31 mai 1856 et du 7 avril 1902 et Arrêté ministériel du 11 août 1903. 1 brochure in-8 de 24 pages............ » fr. **50**

Bureaux de Placement. — Loi du 14 mars 1904. relative au placement des ouvriers et employés des deux sexes et de toutes professions. 1 brochure in-8......:..................:... » fr. **50**

Caisses de secours contre le Chômage. — Décret du 9 septembre 1905 précédé d'un rapport du Ministre du Commerce et du Ministre des Finances. 1 brochure in-8.. » fr. **50**

Contrat d'Association. — Loi du 1er juillet 1901, modifiée par celles des 4 décembre 1902 et 17 juillet 1903, suivie des décrets des 16 août 1901, 28 novembre 1902, 14 février 1905, et circulaire ministérielle 1 brochure in-8 de 46 pages.. » fr. **50**

Fraude et Falsification dans la vente des Marchandises et des Denrées alimentaires et des Produits agricoles. — Loi du 1er août 1905. 1 brochure in-8. .» fr. **50**

Hygiène du Travail. — Lois des 12 juin 1893 et 11 juillet 1903 et Décrets des 29 novembre 1904 et 6 août 1905, suivis des Décrets sur l'emploi de la céruse, couchage du personnel, ateliers de blanchissage. 1 brochure in-8 de 30 pages........ » fr. **50**

Justices de Paix. — Lois des 12 et 13 juillet 1905. 1 brochure in-8.,................................... » fr. **50**

Recrutement de l'Armée. — Loi du 21 mars 1905, réduisant à deux ans la durée du service militaire. 1 brochure in-8 de 68 pages .... » fr. **50**

Séparation des Eglises et de l'Etat. — Loi du 9 décembre 1905 complétée des lois antérieures visées par la présente, suivie des décrets d'administration publique et Circulaire. 1 brochure in 8 .... » fr. **50**

Sociétés d'assurances sur la vie. — Loi du 17 mars 1905 et Décrets des 20 janvier et 12 mai 1906, relatifs à la surveillance et au contrôle. 1 brochure in-8... .... » fr. »

Sociétés civiles et commerciales. — Loi du 24 juillet 1867, modifiée et complétée par celles des 1er août 1893 et 16 novembre 1903. 1 brochure in-8...................... » fr. **50**

Sociétés de secours mutuels. — Loi du 1er avril 1898, modifiée et complétée par celles des 31 mars 1903 et 2 juillet 1904, suivie du Décret du 25 mars 1901. 1 broch. in-8° » fr. **50**